AF240336

Paul MAQUENNE

*Chef de service à la Fédération des Industriels
et des Commerçants français*

PROBLÈMES EUROPÉENS

A la Recherche
d'un Ordre Nouveau

Extrait de l'*Economie Nouvelle*
(N°ˢ de Novembre et Décembre 1927)

FÉDÉRATION
DES INDUSTRIELS ET DES COMMERÇANTS
FRANÇAIS
74, BOULEVARD HAUSSMANN, 74
PARIS VIIIᵉ

A la recherche d'un Ordre nouveau

Jusqu'à Colbert, l'industrie a joué un rôle infiniment effacé, tandis que le commerce et l'agriculture jouissaient d'une considération que nous estimerions excessive. Ses ordonnances lui ont fait une place au soleil, qu'elle n'a que lentement agrandie aussi longtemps que la majorité a continué de croire que seule la terre était productive de richesses, et que « tout venait de la terre jusqu'à la pluie ». La querelle des physiocrates et des mercantilistes n'émut la population que parce que l'établissement de l'assiette de l'impôt était au fond en jeu dans cette dispute doctrinale. Déjà au siècle de Voltaire, les exigences du fisc suscitaient d'âpres récriminations de la part des contribuables. Il ferait beau voir aujourd'hui l' « Homme aux quarante écus », qui se fâchait déjà tout rouge, alors, d'être obligé d'en donner vingt au Roi.

En ce temps-là, les difficultés budgétaires et de trésorerie étaient les seules dont on eût à s'émouvoir et personne n'eut même soupçonné celles avec lesquelles nous sommes aux prises maintenant. Le rythme de la vie économique était simple et comme l'a montré Adam Smith, dans son magistral ouvrage sur la « Richesse des Nations », le libre jeu de la concurrence et les fluctuations des prix suffisaient à régler la production sur la consommation. Outre qu'il ne pouvait même pas être question de surproduction industrielle, et que la méfiance des petits artisans, — sinon leur hostilité, — à l'égard des machines suffisait à en retarder l'application et ménageait des transitions, le cycle des échanges était étroit et très peu des problèmes d'avitaillement en matières premières, et des débouchés, se posaient aux gens d'affaires et aux hommes d'Etat de cette époque.

Qu'une bonne part de nos misères d'aujourd'hui soient la conséquence de l'extrême, sinon excessive rapidité des progrès du machinisme et du déséquilibre polymorphe qu'il a déclenché, y compris dans l'ordre social, personne

n'en doute plus, même sans avoir lu les économistes de l'école historique allemande, ni Karl Marx.

On peut être d'opinion différente sur l'issue de la période transitoire où nous sommes, et ne pas croire le système capitaliste condamné catégoriquement à disparaître après les épreuves qu'il subit, néanmoins l'observation stricte des faits force à déclarer que, jusqu'ici, les progrès de la technique et l'évolution de l'industrie ont suscité plus de troubles que procuré de bien-être paisible.

Nous admirons ces progrès, nous sommes fiers des découvertes de nos savants, grâce auxquels nous connaissons la *vitesse* et les multiples produits *artificiels* qui nous consolent d'être privés des produits naturels, mais nous ne pouvons nous empêcher d'être inquiets de ce que recèle l'avenir, le *tout prochain avenir*, pour ceux qui se souviennent que les années 1900, 1907, 1913, 1920 ont été marquées d'une pierre noire, et en concluent que si la périodicité septennale de la dépression s'est conservée, une crise mondiale ne doit pas être loin.

Inquiétude morale, troubles sociaux, déséquilibres matériels, telles semblent être les caractéristiques les plus évidentes de l'époque ; et si loin que se porte le regard, partout il les rencontre, au delà des frontières, par-delà les océans : le retentissement des crises économiques modernes est certainement la marque la plus nette, la plus indiscutable de leur totale nouveauté.

Etendues en largeur, elles le sont aussi en profondeur ; l'état de crise est absolument général et l'humanité tout entière en souffre au plus profond de son intelligence et de ses nerfs.

L'ordre est peu à peu devenu l'aspiration secrète ou avouée de chacun, un obscur besoin de discipline, même chez les plus acharnés adeptes de la liberté intégrale, fait rechercher des règles nouvelles de vie économique et sociale.

Partout, on constate un effort analogue d'observation et d'analyse des événements, concrétisé par une véritable mobilisation d'économistes et de statisticiens, pour essayer de discerner et d'isoler les causes profondes, pour établir des diagnostics, afin d'élaborer des remèdes ou, tout au moins, pour essayer d'anticiper l'avenir. Connaître, guérir, prévoir.

Mais, si nous faisons le tour des pays que la guerre et ses conséquences ont le plus éprouvés, nous voyons que tous n'ont pas mis une égale ardeur à ces travaux d'enquête et de thérapeutique, mais que certains s'y sont, au contraire, livrés avec un soin presque méticuleux et en témoignant clairement de leur volonté très ferme de tirer parti de toutes les expériences et de tous les concours pour sortir du gâchis et pour lui substituer un nouveau système de forces, mûrement étudié, conçu en vue d'un rendement élevé, avec la préoccupation d'en faire quelque chose d'universel et dont, par conséquent, l'application puisse être indéfiniment extensible.

A tous ces égards, l'Allemagne nous donne des exemples très remarquables, quoique trop peu remarqués, sinon, nous aurions observé que les règles, que les systèmes qu'elle a adoptés, ne sont en réalité que les règles et les systèmes que nous admirons si fort chez les Américains, mais *adaptés, assimilés* de manière à n'être plus en contradiction avec nos habitudes et nos traditions séculaires, et partant à devenir aptes à nous rendre, en Europe, des services identiques d'importance à ceux qu'ils ont rendus aux Américains qui doivent à leur discipline économique une bonne partie de leur formidable richesse.

On a prétendu que les Allemands, à qui leur infortune a valu d'entretenir, dès l'armistice, des rapports extrêmement étroits avec les Américains, sans parler des occasions de rapprochement provenant des liens du sang entre eux et une partie importante de la population yankee, notamment dans les cercles financiers, on a prétendu qu'ils avaient, à leur habitude, *copié* les méthodes d'organisation et de travail élaborées par Taylor et par Ford, dont nous avons vu les œuvres dans toutes les Bibliothèques privées berlinoises, ce n'est pas exact ; comme nous, ils savaient que la taylorisation et la fordisation sont inapplicables telles quelles, à l'industrie, au commerce, à la banque et à l'administration des pays continentaux. Leur mérite est précisément d'avoir fait subir à ces normes d'importation une assimilation qui les rende applicables ici. Qu'il nous suffise de citer, dans l'ordre strictement théorique, leur Institut für Konjunkturforschung imité de l'Institut de Harward et pourtant différent ; et dans l'ordre des affaires leurs « banques de placement » copiées sur les « Investment Trusts » grâce auxquelles le financement de leurs opérations de commerce extérieur a été grandement facilité, à une époque où le crédit du Reich était chancelant.

La vente à crédit, la concentration des industries, la rationalisation de la production, enfin, sont inspirées également des modèles américains. N'empêche que toute l'organisation de l'Allemagne d'aujourd'hui est spécifiquement allemande, comme sont allemandes les marchandises fabriquées à Merseburg ou à Chemnitz avec le concours des capitaux de Wall-Street.

Les résultats donnent la mesure de l'œuvre accomplie depuis 1918 ; l'Allemagne abaissée jusqu'en 1924 à tel point qu'on dut venir à son secours pour éviter son effacement total qui eût été pire que tout autre événement, a reconquis dans l'économie européenne son rang d'avant-guerre ; son industrie métallurgique atteint même aujourd'hui une capacité de production qu'elle n'a *jamais* possédée ; et son industrie chimique joue un rôle mondial qu'elle n'aurait pas osé espérer en 1914 (1).

Qu'est-ce à dire, sinon que nos critiques étaient injustifiées, nos prévisions mal fondées ?

Il faut reconnaître, dût notre amour-propre en souffrir, que les dirigeants de l'Allemagne ont vu juste et agi comme il fallait, tout au moins dans le domaine de l'économique. Sans doute que la conjoncture fléchira encore quelquefois, que le redressement ne sera pas continu, mais la tendance générale paraît nettement orientée dans le sens de nouveaux progrès ; la volonté, l'initiative, l'application au travail, l'esprit résolument méthodique des Allemands ne constituent pas les seuls facteurs, encore qu'ils soient essentiels, de la restauration économique du Reich, mais il y a aussi l'Amérique dont l'appui indéfectiblement acquis représente un formidable atout.

Qu'on nous permette de rappeler que tout dernièrement encore, M. Speyer déclarait que « le caractère économe et travailleur de la population allemande constituait une garantie suffisante pour les capitalistes américains, que la situation économique du pays était solidement assise, et que l'Allemagne était un marché extraordinaire pour des placements ». Et ceci, ne représente pas une opinion isolée ; au dernier Congrès de l' « Investment Bankers Association », toute la haute finance américaine a unanimement reconnu la solidité du crédit de l'Allemagne et affirmé sa confiance dans son avenir.

Ces manifestations étrangères qu'on constate non seulement à New-York, mais à Londres et à Amsterdam, sont

----

(1) Production des aciéries en août 1927 : 1.426.253 tonnes ; production des aciéries en 1913 (moyenne mensuelle) : 965.000 t. (Allemagne dans ses frontières actuelles). Exportation de produits chimiques : 980 millions de marks en 1925 ; 23 % des exportations mondiales soit 7 % de plus que les U. S. A., 9,4 % de plus que la Grande-Bretagne et 9,7 % de plus que la France.

puissamment significatives et nous aurions le plus grand tort de leur attacher une importance moindre qu'aux défaillances de l'Allemagne dont nous enregistrons les symptômes avec, quelquefois, trop d'impatiente satisfaction. Elles témoignent de l'importance de la restauration de nos voisins, et aussi de leur mérite à l'avoir poursuivie dans des circonstances souvent difficiles, de même que les belliqueuses manifestations de Tannenberg et de Königsberg traduisent le sentiment que les Allemands reprennent de leur force.

Nos voisins, qui sont aussi nos concurrents les plus directs dans maints domaines, se sentent forts et savent qu'ils jouissent d'appuis puissants à l'étranger; cette considération ne saurait être indifférente à nul d'entre nous, mais elle devrait tenir une première place dans l'esprit de ceux qui ont la responsabilité du pouvoir, ici.

Que ce soit un effet de l'*organisation*, de cette organisation importée d'Amérique et digérée par des cerveaux tudesques, il n'y a point de doute à en avoir.

Toutes les qualités de vivacité, de subtilité, d'intelligence étincelante (qui faisaient dire au colonel Bramble « qu'il haïssait les gens intelligents ! ») toutes ces qualités spécifiquement latines sont moins précieuses pour l'aménagement d'une industrie et le calcul des rendements, que l'application un peu lourde, mais toujours suivie des esprits allemands. Ils sont de plain-pied avec ce siècle de mécanique, d'acier, de produits chimiques, de synthèses, d'intégrations et d'interférences, tandis qu'il nous faut faire effort pour y entrer.

Aussi bien, peut-on envisager, et ce n'est pas le moindre sujet de nos inquiétudes, que l'ordre allemand, dépassant les frontières du Reich s'étende au dehors, où le besoin très vif d'une discipline le ferait accueillir sans hostilité.

Les réactions d'ordre sentimental ne l'emporteront finalement pas, peut-on croire, d'après nos dernières expériences, sur les nécessités matérielles qui imposent une logique rigoureusement dépouillée de tout ce qui n'est pas raison, calcul ou intérêt.

Qu'on veuille bien seulement observer comment les Allemands ont provoqué la formation de grands trusts internationaux destinés en principe à régulariser les cours, et à réglementer les marchés des produits essentiels et comment ils ont réussi progressivement à y jouer un rôle prépondérant, en attendant d'y dominer sans conteste.

Simple effet de leur esprit de ruse ou d'intimidation, dira-t-on ? Généralement pas, mais conséquence encore une fois d'une organisation supérieure, dont l'avantage consiste surtout, à vrai dire, dans l'absence d'organisation des autres.

Nous ne saurions négliger enfin que, géographiquement, l'Allemagne occupe en Europe une situation privilégiée, qui a déjà fait dire qu'elle était le « trait d'union » naturel entre l'Orient et l'Occident ; grâce à son prestige, en Autriche, *économiquement* déjà rattachée, elle domine en Europe centrale et dans les Balkans. On comprend qu'une position pareille sur le continent ait suscité des rêves d'hégémonie aux cerveaux allemands ; d'autre part, les richesses minières de son sous-sol, malgré les amputations de la guerre, représentent au point de vue des industries lourdes et même chimiques (qui utilisent abondamment le lignite) un privilège d'une particulière valeur.

Pour toutes ces raisons, l'ordre allemand déborde sur l'Europe, il est destiné à y faire de nouveaux progrès, et ceux qui ont eu l'occasion de visiter récemment l'Allemagne n'y contrediront pas.

Selon toute vraisemblance, ces progrès seront plus particulièrement rapides dans les pays qui n'ont pas de dispositions naturelles à s'organiser en vue d'une industrialisation fatale dans le monde entier, et qui marquera une révolution profonde dont nous éprouvons actuellement les secousses, mais dont nous ne connaîtrons toute l'ampleur que dans de longues années.

L'Allemagne, qui paraît avoir retrouvé son équilibre par un inestimable « sursum » de volonté collective, reprend en ce moment, le formidable travail qu'elle avait entrepris avant la guerre, alors que, déjà, « par la haute valeur d'un prodigieux effort méthodique, dans une savante organisation de machinerie humaine, ces gens étaient en train de conquérir le monde » (1).

*
* *

Mais jusqu'où ira l'ordre allemand en Europe ?

On peut imaginer qu'il s'étendra de deux façons très distinctes, soit que les Allemands, profitant de leur nombre et de la qualité supérieure de leur méthode, imposeront aux autres peuples le type d'organisation qu'ils auront créé ; soit que pour résister à leur pénétration, des peuples dédaigneux de la « Pax Germanica » et jaloux de leur

---

(1) G. CLEMENCEAU. Préface à « Notre Avenir » de Bernhardi.

indépendance opposeront leur ordre à celui qui vient en
conquérant, sans toutefois pouvoir lui donner des carac-
tères spécifiques hétérogènes à ceux de l'adversaire qu'on
ne peut combattre sur ce terrain qu'avec ses armes.

Il faut subir ou imposer ; il n'y a pas de solution inter-
médiaire qui ménage les susceptibilités des peuples, plus
sensibles peut-être encore que celles des individus.

Dès lors, puisqu'en Europe (et par ce terme nous enten-
dons le continent et la Grande-Bretagne), l'Allemagne
est actuellement la seule puissance qui se soit appliquée
à élaborer des règles de vie adéquates aux circonstances
autant qu'aux progrès de la Science, et à en faire un système ; ce serait donc un ordre constructif allemand qui
présiderait à la production, à la répartition et à la consommation des richesses ?

A moins qu'on ait un autre système à proposer, mais
nous n'en voyons nulle part qui soit aussi mûr, et tôt ou
tard, sauf les réserves que nous ferons plus loin, on s'aper-
cevra des avantages que comporte cette maturité des
Germains, alors qu'on avait présumé peut-être des ententes
rigoureusement équilibrées. Equilibrées ? sans doute, jusqu'à ce que le plus fort les domine.

Alors, c'est la lutte, la reformation des partis, d'autres
partis sûrement, quand on avait cru pacifier, unifier ? Un
vainqueur en sortira et tout sera remis en cause. Aucune
extension de la procédure d'arbitrage ne saurait changer
cette nécessité qu'il faut un cerveau qui pense et une
volonté qui ordonne et *s'impose*.

Nous tenons pour impossible que les assujettis n'aient
pas à la longue des sentiments de révolte, même contre
le plus modéré, le plus juste des animateurs, ni que l'équilibre soit compatible avec un état encore fort éloigné
de la perfection, si ce n'est qu'on veuille délibérément
adopter l'attitude figée de la sénilité.

Mais est-ce vraiment, en vertu de son avance et de sa
relative supériorité technique, un ordre allemand qui va
s'imposer à l'Europe en quête d'une méthode et d'un pôle
d'équilibre ?

Par ce que nous savons de ce qui s'est passé de l'autre
côté du Rhin, connaissant l'influence grandissante dont
jouissent les Allemands dans les principaux consortiums
internationaux déjà existants (celui du fer, par exemple),
on est tenté de dire oui, en considérant presque unanimement cette perspective comme une menace latente pour
la paix.

Ne se trompe-t-on pas, faute d'aller au fond des choses,

et d'embrasser un horizon plus vaste que cette Europe dont nous répugnons à avouer qu'elle n'est pas le nombril du monde, alors que son importance mondiale décroît depuis la guerre (1).

Le danger qui se présentera ne sera sans doute pas celui qu'on attend, car l'examen attentif de la conjoncture nous invite à douter que ce puisse être de la phase en cours que sortira l'organisation définitive du Vieux-Monde.

S'il devait en être autrement, la crainte de voir l'Allemagne exercer son hégémonie serait dénuée de sens.

Les motifs qui nous font révoquer en doute une opinion généralement admise et apparemment assez solidement fondée relèvent de deux ordres d'idées bien différents.

D'abord nous ne pensons pas que l'Allemagne soit, actuellement et avant de longues années, à même d'imposer dans des arrangements internationaux, des mesures auxquelles d'autres puissances ne croiraient pas pouvoir adhérer librement et qui ne comporteraient pas quelque avantage pour leur économie.

Les Allemands ne sont pas réellement prêts pour la « conquête du monde ».

La facilité relative avec laquelle sont intervenus des accords comme ceux sur l'acier, les produits chimiques, la soie, découle des circonstances exceptionnelles où nous vivons et qui sont destinées à évoluer, elles aussi.

Mais la véritable puissance de l'Allemagne n'est, en vérité, pas aussi grande qu'on peut le croire à la lecture des chiffres de sa production métallurgique, chimique, houillère ou textile, ou d'après le volume de son commerce extérieur qui est, environ, de 50 % supérieur au nôtre (2).

Ce que les statistiques n'expriment pas, c'est que le prodigieux relèvement de l'Allemagne depuis l'armistice, et surtout après la Conférence de Londres de juillet 1924,

____

(1) En 1925, le volume du Commerce européen représentait 94 % de son importance en 1913, mais à la même époque, le pourcentage du commerce mondial était de 105 %. La part de l'Europe dans le commerce mondial a rétrogradé de 68 % en 1913 à 57 % en 1925.

(2) En septembre le commerce extérieur de l'Allemagne et celui de la France s'établissaient de la façon suivante :

	France	Allemagne
Exportations. . . .	4.545,30	935,9
Importations. . . .	3.571,5	1.184,6
Totaux. . .	8.116,8	2.120,5 (millions de r.-m.),
	(millions de francs)	soit 12.723 millions de fr.

est autant le fait des Américains qui ont, depuis le début
de 1925, investi dans ce pays des capitaux pour un montant
au moins égal à 800 millions de dollars, que celui des
Allemands qui ont fourni, de leur côté, leur peine et
leur savoir.

La collaboration du capital et du travail, dans la production des richesses, a donné, en Europe Centrale, un
magnifique exemple de sa fécondité, comme aussi la débâcle
allemande, une première fois au début de novembre 1918
et une seconde en octobre 1923, illustrent avec éclat que le
travail en l'absence du capital est radicalement impuis-
sant (1).

Mais depuis le 15 octobre 1924, date de l'émission de
l'Emprunt Dawes à New-York, l'Allemagne travaille
presque exclusivement avec de l'argent étranger et c'est là
une obligation calamiteuse, si l'on veut bien penser que
le capital indigène se reconstitue si lentement qu'il a
suffi au Gouvernement de lancer, un peu inconsidérément,
au début de l'année (2) un emprunt intérieur de 500 millions de marks, 5 % (soit 3 milliards de francs au cours
actuel) pour épuiser le marché, au point qu'il est devenu
impossible d'y trouver de quoi fonder ou agrandir une
seule société industrielle ou commerciale d'une certaine
importance (3).

Au Gouvernement de Berlin qui paraissait un peu trop
enclin à négliger cet aspect de la situation internationale
du Reich, la note de l'Agent général des Paiements de
Réparations, en date du 21 octobre dernier a rappelé, en
termes catégoriques, l'état de dépendance dans laquelle
se trouve l'Allemagne vis-à-vis de ses créanciers.

Et le sens de ce memorandum, dont les Pouvoirs Publics
ont essayé, pendant plus d'une semaine, de déguiser la
sévérité, est apparu si clairement à tous les esprits dès
sa publication intégrale, que peu de temps après, le 7 novembre, une véritable panique a secoué la Bourse.

C'est Wall Street qui commande à Berlin, et la dictature
de la Haute-Finance américaine se sent d'autant plus
à l'aise, dans son rôle, qu'elle sait qu'infailliblement « pour

---

(1) « La vraie cause de la crise allemande est en effet la pénurie
des capitaux » (« les progrès de la Restauration économique » par
la Chambre de Commerce internationale. Rapport au III° Congrès,
Bruxelles, juin 1925.

(2) Exactement du 3 au 11 février.

(3) On ne signale aucune émission sur le marché intérieur en
août, ni en septembre.

boucher un trou », le Ministre des Finances du Reich sera obligé d'en « ouvrir dix autres ».

Aussi bien le pauvre Ministre s'est-il immédiatement offert de réformer son projet de Budget pour 1928 qui comportait, initialement, des dépenses jugées trop somptuaires par M. Gilbert Parker.

L'Amérique qui craint, plus que les inondations du Mississipi, la création de coalitions industrielles en Europe, qui pourraient de la moindre façon concurrencer sa production ou influencer les cours des marchandises qu'elle doit importer du continent (1) ne saurait évidemment encourager les Allemands à en prendre la direction.

La moindre intervention de Wall Street sur le marché des capitaux et sur la Bourse suffirait d'ailleurs à briser toute initiative de ce genre trop menaçante.

Ni le *nombre* que possèdent indiscutablement nos voisins de l'est, ni la *qualité* à laquelle justement ils prétendent, ne sauraient prévaloir contre la puissance financière des Américains, et cela pendant un nombre d'années qu'il est inutile d'essayer de présumer.

En second lieu, la réalisation d'un programme systématique d'unification et de concentration, sous n'importe quelle férule, se heurte et se heurtera longtemps encore à des obstacles vraisemblablement insurmontables jusqu'à ce qu'une révolution ait renversé, annihilé, non seulement les habitudes inhérentes à chacune des civilisations qui ont leur place en Europe, mais les systèmes des lois sous lesquelles vivent les peuples européens, et qui sont d'autant plus solides que leurs racines plongent plus profondement, dans un passé lourd de traditions durement ancrées.

À côté de cela, les imitations locales des méthodes allemandes, quels que soient leurs progrès, sont de banals événements, sans beaucoup de portée.

Il est inutile et dangereux, dans une matière aussi grave, puisqu'aussi bien le régime même de la propriété est en jeu, de se dissimuler l'évidence ; or, le mouvement de réorganisation de la production et de la répartition des richesses qui se manifeste en ce moment concourt avec

---

(1) Nous ne citerons que deux exemples typiques : 1° Le procès engagé contre le consortium franco-allemand des Potasses par Washington ; 2° la demande en revision du Bill sur les Trusts introduite par les fabricants de produits chimiques américains pour pouvoir entrer en lutte avec le consortium franco-anglo-allemand en formation.

le programme collectiviste, *communiste*, pour employer le même vocable que ses auteurs, établi par Karl Marx et Engels, dans leur « Manifeste » de 1847.

Il semble qu'à cet égard, on ait évité de faire ressortir la portée des tentatives « étatistes » de « nationalisation industrialisée », issues de la doctrine et de l'influence croissante du syndicalisme, qui commencent à apparaître en France et qui ont obtenu, déjà, d'amples résultats concrets en Allemagne et en Italie.

Dès lors, le danger serait bien moins de voir un type d'organisation économique imposé par une Nation, et à son profit, à toutes les autres, que d'assister à une lutte entre deux systèmes antinomiques et exclusifs l'un de l'autre, l'un traditionnel et respectueux de la liberté et de la propriété individuelles, l'autre révolutionnaire et tyrannique. Il ne s'agirait plus d'un conflit de nations, mais de classes, et le problème change singulièrement d'aspect, sans perdre, au contraire, de sa gravité.

Qu'on admette ou non que ce ne soit pas dans ce sens que nous porte l'évolution, chère aux écoles historiques et scientifiques dont l'Allemagne fut le berceau et qu'ont illustrées Savigny, Marx et Brentano, et que la « colossale expérience étatiste de la guerre » n'ait pas donné le goût aux peuples énervés et déçus, de certaines réalisations hasardeuses, même en admettant tout cela, il ne manque pas de raisons de croire que les rapprochements et les concentrations internationales que nous voyons s'ébaucher aujourd'hui ne risquent pas de servir d'instrument d'assujettissement à une nation supérieurement organisée.

Les indices qui nous sont envoyés des différents points du monde et plus particulièrement des principaux pays d'Europe (1) sont également symptomatiques d'une dépression, dont la cause essentielle n'a pas encore pu être isolée dans l'état actuel de la science économique, mais qui paraît présenter un caractère périodique évident, que la guerre n'aurait pas modifié, si surprenante que cette constatation paraisse au premier abord.

En remontant dans le passé, nous retrouvons le même

____

(1) En France, en Italie, au Danemark et en Norvège, la crise économique semble connexe à certaines difficultés de stabilisation ou de revalorisation monétaires.

En Angleterre, l'espoir d'une reprise des affaires après la grève noire (mai-novembre 1926) ne s'est pas réalisé. Les exportations de houille ne se maintiennent qu'au prix de coûteux sacrifices, la métallurgie réclame un surcroît de protection douanière, il semble même que le chômage ait, à nouveau, tendance à augmenter.

phénomène en 1920, 1913, 1907, 1900. Sa période serait donc de sept années en moyenne.

Cette circonstance, jointe au fait que par suite des charges fiscales énormes consécutives aux hostilités, auxquelles sont venues s'ajouter encore des charges sociales écrasantes imposées par l'opinion publique d'après-guerre, explique suffisamment que les producteurs aient cherché à se « sentir les coudes » et à conclure des ententes qui leur évitent, au moins, les conséquences déprimantes d'une concurrence sans merci.

Ne nous y trompons pas, ces Pactes internationaux, ces Cartels, ces Consortiums et ces Syndicats et même les résolutions si intéressantes prises à Genève, à l'issue de la Conférence économique de mai dernier, puis de celle pour « l'abolition des prohibitions douanières » en octobre-novembre sont sans doute moins le fruit d'un *esprit nouveau*, que celui de la *nécessité*.

Contre l'accablement de conjonctures hostiles, il ne reste qu'à faire front en faisant bloc ; mais on peut aussi croire que cette *union imposée* ne durera qu'aussi longtemps que les forces cohésives dont elle est le produit continueront elles-mêmes à agir.

Lorsque la conjoncture changera de phase, une fois la dépression traversée de concert, la concurrence reprendra ses droits : les plus forts répudieront des alliances qui les lient en les amoindrissant. Ainsi les Etats-Unis, l'unique puissance au Monde dont la vitalité soit indiscutablement inégalée, ont constamment refusé, depuis le message wilsonien, de s'engager par un traité avec une quelconque Nation européenne, et on a pu voir à la dernière Conférence pour l'abolition des prohibitions douanières qu'ils n'entendaient pas se départir de leur attitude.

Plus près de nous, la Grande-Bretagne serait également soucieuse de réserver sa liberté, comme il est apparu au cours des derniers débats de la Société des Nations, et lorsque ses représentants ont failli faire échouer la Conférence sur les entraves au Commerce par leur obstination à vouloir maintenir la prohibition d'importation des matières colorantes sur le sol anglais.

L'épreuve de la prospérité est la seule, à notre avis, qui puisse nous fixer sur la valeur réelle des engagements qui ont été pris ces derniers temps (et qui se sont multipliés à mesure que les inquiétudes des producteurs et des gouvernements grandissaient) au cours de toutes les Conférences internationales privées et publiques, à Luxembourg, Bruxelles, Londres ou Genève...

Et enfin, ce serait nier toute évidence que de ne pas reconnaître qu'il y a un contre-courant au-dessous du grand mouvement d'unification et de rangement qui retient surtout notre attention, parce qu'effectivement, il est l'expression la plus saisissante de l'effort désespéré que font tous les peuples continentaux pour retrouver une position d'équilibre dans un nouvel ordre adéquat à la situation laissée par la guerre et transformée par les progrès de la technique, sans parler des facteurs psychologiques et sociaux.

Ce contre-courant est peut-être spécial aux civilisations latines, voire anglaise et incompréhensible pour des cerveaux américains ou allemands ; qu'importe, il existe et il faut compter avec lui : il représente un effort de réaction assez important pour qu'on n'imagine pas qu'un ordre allemand, ou de toute autre provenance, puisse nous être imposé *de plano*.

C'est à notre caractère foncièrement individualiste qu'on doit cette très intéressante propagande en faveur de la renaissance de l'artisanat qui essaie de faire contrepoids à la concentration intensive et à la rationalisation intégrale des industries, prélude à l'organisation « mécaniste » de la Société future.

Est-il possible de croire que le système sans pareil élaboré par Mussolini, et appliqué depuis le printemps en Italie, puisse s'accommoder d'un ordre américain, même assimilé à Berlin ?

Non pas, la Charte du travail fasciste est unique dans l'histoire économique du monde, et elle est en antithèse, aussi bien avec les concepts du capitalisme, qu'avec les « ruineuses et absurdes démagogies socialistes (1) ».

On ne peut, d'autre part, concevoir, dans l'état actuel des choses et des esprits, que la concentration des industries, condition préalable à l'instauration d'un ordre unitaire, le même pour toute l'Europe, s'opère assez à fond dans nos pays pour que le nombre des outsiders ne représente pas une grave menace pour la stabilité du régime nouveau.

Aborderons-nous la question des législations sur les Trusts et les Cartels, nous verrons que la diversité des principes est extrême dans ce domaine, et que ce qui est sanctionné à Berlin est condamné à Paris (2).

---

(1) Ext. de la résolution proposée au Grand Conseil fasciste par M. Mussolini le 21 avril 1927.

(2) Art. 419 du Code Pénal.

Mais que faut-il donc alors penser ? Qui l'emportera
des partisans d'un type omnibus d'organisation économique
articulé de pays à pays, mais imposé par le plus fort, ou
au contraire des protagonistes de l'individualisme et de
la liberté dans la diversité ?

Ou bien encore, une révolution ne va-t-elle pas ruiner
les espérances des uns et des autres pour fonder un régime
entièrement nouveau où l'Etat sera tout et l'individu
rien ?

Cette dernière éventualité n'est peut-être pas si absurde
que d'aucuns pensent. Non seulement, comme nous l'indi-
quions plus haut, le nombre des exploitations que l'Etat
gère lui-même, ou en co-association, s'est grandement
accru en Europe, mais aussi on voit que l'Etat s'approprie
par l'impôt une part sans cesse grandissante du revenu
des citoyens, sensiblement égale à un tiers pour la France
et l'Allemagne, que le secret des affaires n'existe plus
pour lui, depuis que des Commissions Parlementaires
peuvent à leur volonté traduire devant elles des chefs
d'entreprises invités à déposer sous la foi du serment,
depuis que, grâce à l'extension du cours forcé des monnaies
fiduciaires, il est le seul maître du crédit où s'alimente la
production, depuis enfin que, par l'octroi des « lois sociales »
il peut déplacer selon son gré les rapports d'une classe à
l'autre.

Les frontières du collectivisme semblent reculer à
mesure qu'on avance, mais quels énormes progrès ont été
réalisés depuis seulement le « programme minimum du
parti ouvrier » rédigé par Guesde en 1880 ! On ne peut
s'en rendre compte qu'en comparant avec la conformation
économique actuelle des principales nations continentales,
ce que les marxistes, d'abord, et les néo-marxistes (1)
ensuite, considéraient comme le terme de la dernière étape
avant la «rupture de continuité» qui devra assurer «le pas-
sage d'un ordre de propriété à un régime économique
essentiellement différent (2) ».

Quand même l'évolution en cours ne nous mènerait
pas à une solution aussi radicale, il n'en reste pas moins
acquis que dans presque tous les pays européens, et en
France et en Angleterre, peut être moins encore qu'ailleurs,
s'est instauré un régime de contrôle effectif des activités
privées qui font vivre les nations.

------

(1) Cf. Louzon. La déchéance du capitalisme.
(2) L. Blum au Congrès de Tours, 1920.

Il faut compter avec cet état de fait, où qu'il aboutisse.

Voilà donc une première possibilité d'un ordre nouveau, souhaitable ou non, qu'importe ici.

Des deux autres éventualités ne sortira vraisemblablement pas de solution nette, tout au moins avant que nous soyons considérablement évolués : soit qu'on ne puisse pas distinguer une nation suffisamment puissante pour imposer son plan de travail à ses voisins, soit que les obstacles à l'unification supposée par une telle hiérarchie soient actuellement infranchissables.

Dans tous les cas, il faudra sortir de la phase de dépression où nous sommes et atteindre la branche ascensionnelle de la conjoncture pour se rendre compte de l'étendue des possibilités de reclassement et de systématisation qui sont offertes à l'Europe, et pour éprouver la solidité de ce qui aura déjà été accompli.

En attendant, chacun dans sa sphère, fera bien, renonçant à d'inutiles visées impérialistes, de rechercher seulement des ententes limitées réservant autant que possible la liberté des uns et des autres, en tenant compte des différences séculaires des cultures et des civilisations.

Pour employer le juste langage du Délégué de la France aux Conférences économiques de Genève, appliquons-nous à provoquer « des rencontres d'intérêts et le mariage d'initiatives qui, jusqu'ici, se développaient isolées, et qui, demain, se poursuivront élargies, ou en tout cas, adaptées ».

Sans nul doute que, dans notre recherche d'un nouvel ordre constructif pour l'Europe, l'influence allemande sera grande et profitable la leçon de l'Allemagne. Mais il ne nous paraît pas, pour les raisons que nous venons d'écrire, que le plus imminent de tous les périls possibles soit précisément *son* hégémonie.

Pessimistes nous pourrions éprouver légitimement de plus grandes craintes à l'égard de celle des Etats-Unis qui détiennent actuellement la majeure partie de l'or dont nous avons besoin pour construire l'Europe nouvelle.

Mais optimistes, nous pourrions aussi dire que leur pouvoir exorbitant leur permettra, le moment venu, de mettre un frein à la fureur de désordre qui, d'après Spengler, doit déterminer bientôt la déchéance de l'Occident (1).

Paul MAQUENNE

(1) Spengler. Untergang des Abenlandes, Munich, 1928.

Imp. Tournon (Imp. E. C. P.), 257, rue St-Honoré - Paris